COLLECTION

COQUELIN

PARIS — 1893

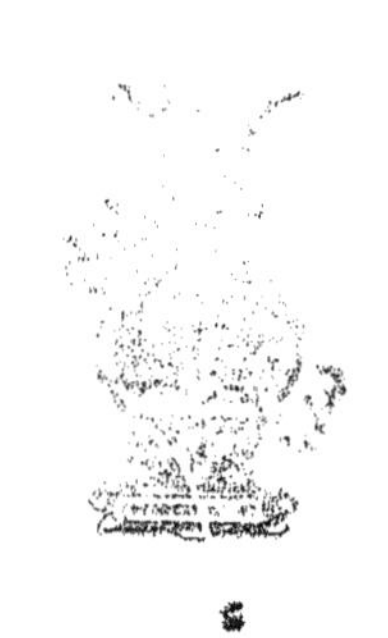

RÉSUMÉ

DU

CATALOGUE

DE

TABLEAUX MODERNES

AQUARELLES, PASTELS, DESSINS

COMPOSANT LA COLLECTION

COQUELIN

ET DONT LA VENTE AURA LIEU

GALERIE GEORGES PETIT, 8, RUE DE SÈZE

Le Samedi 27 Mai 1893, à 4 heures

Mᵉ PAUL CHEVALLIER	**M. GEORGES PETIT**
COMMISSAIRE-PRISEUR	EXPERT
10, rue de la Grange-Batelière, 10	12, rue Godot-de-Mauroi, 12

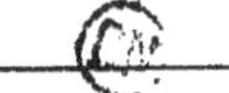

EXPOSITIONS

PARTICULIÈRE : *Le Jeudi 25 Mai 1893, de 1 h. 1/2 à 6 h.*
PUBLIQUE : *Le Vendredi 26 Mai 1893, de 1 h. 1/2 à 6 h.*

CONDITIONS DE LA VENTE

Elle sera faite expressément au comptant.

Les acquéreurs paieront en sus des enchères *cinq pour cent.*

Paris. — Imp. de l'Art, E. MÉNARD et C°, 41, rue de la Victoire.

DÉSIGNATION

TABLEAUX

1 — ALMA TADEMA. *Farniente.*

Panneau. Haut., 24 cent.; larg., 16 cent.

2 — ALMA TADEMA. *L'Attente.*

Panneau. Haut., 23 cent.; larg., 16 cent.

3 — BASTIEN-LEPAGE. *L'Église de Concarneau.*

Toile. Haut., 53 cent.; larg , 70 cent.

4 — BONNAT. *Petite Italienne.*

Toile. Haut., 1 m. 48 cent.; larg., 99 cent.

5 — BONNAT. *Le Modèle.*

Toile. Haut., 32 cent.; larg., 40 cent,

6 — BOUDIN. *Le Bassin.*

Panneau. Haut., 31 cent.; larg., 40 cent.

7 — BOUDIN. *Le Havre.*

>Panneau. Haut., 31 cent.; larg., 40 cent.

8 — BOUDIN. *Les Laveuses.*

>Panneau. Haut., 22 cent.; larg., 31 cent.

9 — BOUDIN. *Laveuses.*

>Panneau. Haut., 23 cent.; larg., 31 cent.

10 — CAZIN. *Sur la route.*

>Toile. Haut., 81 cent.; larg., 1 mètre.

11 — CAZIN. *Les Meules.*

>Toile. Haut., 59 cent.; larg., 72 cent.

12 — CAZIN. *Crépuscule d'été.*

>Toile. Haut., 60 cent.; larg., 80 cent.

13 — CAZIN. *Les Vignes.*

>Panneau. Haut., 18 cent.; larg., 21 cent.

14 — CAZIN. *Plage.*

>Panneau. Haut., 21 cent.; larg., 25 cent.

15 — CONSTABLE. « *Flood* ».

>Panneau. Haut., 23 cent.; larg., 39 cent.

16 — CONSTABLE. *Le Soir.*

  Panneau. Haut., 12 cent.; larg., 12 cent.

17 — RICARD CORDINGLEY. *Pleine mer.*

  Haut., 32 cent.; larg., 55 cent.

18 — COROT. *Le Pêcheur.*

  Haut., 37 cent.; larg., 45 cent.

19 — COROT. *La Rochelle.*

  Panneau. Haut., 26 cent.; larg., 43 cent.

20 — DAGNAN-BOUVERET. *La Sicilienne.*

  Toile. Haut., 70 cent.; larg., 50 cent.

21 — DAGNAN-BOUVERET. *Une Rue, à Alger.*

  Toile. Haut., 52 cent.; larg., 31 cent.

22 — DAGNAN-BOUVERET. *Une Rue, à Alger.*

  Toile. Haut., 50 cent ; larg., 27 cent.

23 — DAUBIGNY. *Les Marais d'Optevoz.*

  Toile. Haut., 60 cent.; larg., 99 cent.

24 — DAUBIGNY. *Un Coin de la Tamise.*

  Panneau. Haut., 20 cent.; larg , 33 cent.

25 — DELACROIX. *L'Éducation d'Achille.*

> Haut., 38 cent. larg., 46 cent.

26 — DÉSSAR. *Faneuse.*

> Toile. Haut., 45 cent.; larg.; 32 cent.

27 — DIAZ. *Les Petits Pêcheurs.*

> Toile. Haut., 74 cent.; larg. 60 cent.

28 — DUPRÉ (J.). *Le Ruisseau.*

> Toile. Haut. 37 cent.; larg., 46 cent.

29 — DUVANT. *Paris.*

> Toile. Haut., 40 cent.; larg., 26 cent.

30 — DUVANT. *La Place du Théâtre-Français.*

> Toile. Haut., 35 cent ; larg., 60 cent.

31 — FRIANT. *La Discussion politique.*

> Panneau. Haut., 27 cent.; larg., 34 cent.

32 — FRIANT. *Les Lutteurs.*

> Toile. Haut., 1 m. 83 cent.; larg., 1 m. 14 cent.

33 — FRIANT. *Flirt.*

> Panneau. Haut., 22 cent.; larg., 28 cent.

34 — Friant. *Le Mendiant.*

Panneau. Haut., 62 cent.; larg., 50 cent.

35 — Friant. *Antibes.*

Toile. Haut., 58 cent.; larg., 70 cent.

36 — Friant. *Anvers.*

Panneau. Haut., 34 cent.; larg., 47 cent.

37 — Friant. *Tunisie.*

Toile. Haut., 44 cent.; larg., 52 cent.

38 — Friant. *Le Vésuve.*

Toile. Haut., 36 cent.; larg., 55 cent.

39 — Friant. *Tolède.*

Haut., 39 cent.; larg., 55 cent.

40 — Friant. *Une Rue, à Tunis. (Souk aux Tailleurs.)*

Toile. Haut., 44 cent.; larg., 52 cent.

41 — Girardot. *Chinon.*

Panneau. Haut., 30 cent.; larg., 40 cent.

42 — Isabey. *Village au bord de la mer.*

Haut., 35 cent.; larg., 1 mètre.

43 — LAURENS (J. PAUL). *François de Borgia devant le cercueil d'Isabelle de Portugal.*

Toile. Haut., 2 m. 70 cent.; larg., 1 m. 52 cent.

44 — MEISSONIER. *Gentilhomme Louis XIII.*

Panneau. Haut., 22 cent ; larg., 15 cent.

45 — MARTINOS MEIMPES. *Tisseurs.*

Panneau. Haut., 26 cent.; larg., 19 cent.

46 — MEIMPES. *Venise.*

Panneau. Haut., 12 cent.; larg., 8 cent.

47 — MONET. *Bordighera.*

Haut., 58 cent.; larg., 70 cent.

48 — MUENIER. *Idylle au village.*

Haut., 33 cent.; larg., 39 cent.

49 — PICARD (LOUIS). *Étude.*

Toile. Haut., 42 cent.; larg., 25 cent.

50 — PISSARRO. *Le Chemin montant.*

Toile. Haut., 59 cent.; larg., 70 cent.

51 — PISSARRO. *Retour des champs.*

Toile. Haut., 54 cent.; larg., 45 cent.

52 — RAFFAELLI. *L'Ancre.*

> Panneau. Haut., 69 cent., larg., 50 cent.

53 — RICOT. *Les Péniches.*

> Panneau. Haut., 14 cent.; larg., 22 cent.

54 — SARGENT. *A Séville.*

> Toile. Haut., 71 cent.; larg., 48 cent.

55 — SISLEY. *Le Loing, à Saint-Mamès.*

> Haut., 50 cent.; larg., 60 cent.

56 — SISLEY. *Pêcheur à la ligne.*

> Toile. Haut., 50 cent.; larg., 60 cent.

57 — SISLEY. *Le Pont de Sèvres.*

> Haut., 39 cent ; larg., 50 cent.

58 — SISLEY. *A l'entrée du bois,*

> Toile. Haut., 64 cent.; larg., 52 cent.

59 — TRAGARDH. *La Mare aux vaches.*

> Haut., 1 mètre; larg., 72 cent.

60 — TROYON. *Un Bœuf.*

> Toile. Haut., 37 cent.; larg., 55 cent.

61 — VOLLON. *Vue de Paris.*

> Toile. Haut., 47 cent.; larg., 53 cent.

AQUARELLES, PASTELS

DESSINS

62 — BARYE. *Tigre royal.*

>Aquarelle. Haut., 9 cent.; larg., 18 cent.

63 — BESNARD. *Jeunesse.*

>Aquarelle. Haut., 60 cent.; larg., 20 cent.

64 — BESNARD. *La Veuve.*

>Aquarelle. Haut., 60 cent.; larg., 20 cent.

65 — DELACROIX. *Tigre.*

>Aquarelle. Haut., 7 cent.; larg , 13 cent.

66 — DUEZ. *Les Dunes.*

>Pastel. Haut., 50 cent.; larg., 65 cent.

67 — DUEZ. *Marée basse, à Villerville.*

68 — DUVANT. *Bretonne.*

>Haut., 54 cent.; larg., 36 cent.

69 — FRIANT. *Le Sommeil.*

>Pastel. Haut., 60 cent.; larg , 50 cent.

70 — FRIANT. *Un Quai.* aquar.

71 — LEMAIRE (MAD.). *Roses pompons.*
Haut., 50 cent.; larg., 35 cent.

72 — LHERMITTE. *Intérieur.*
Haut., 48 cent.; larg., 58 cent.

73 — MEINPES. *Un Arabe.*
Haut., 10 cent.; larg., 8 cent.

74 — MILLET (F.). *Le Semeur.*
Haut., 35 cent.; larg., 41 cent.

75 — MILLET. *Au moulin.*
Haut., 37 cent.; larg., 25 cent.

GRAVURE

76 — MEISSONIER. *La Rixe.*

SCULPTURE

77 — CARRIÈS. *Épave de théâtre.*

— En rendant compte de la vente de la collection de tableaux ayant appartenu à Coquelin aîné, faite à la galerie Petit le mois dernier, nous avons annoncé qu'un amateur d'Amiens, M. Denis Gallet, s'était rendu acquéreur, à des prix extraordinairement élevés, des principaux tableaux de cette collection.

M. Gallet avait, avant cette adjudication, acheté pour 87,486 francs d'aquarelles et dessins à la vente Meissonier.

Pour régler ses acquisitions de la vente Coquelin, M. Denis Gallet remit à M⁰ Paul Chevallier, commissaire priseur, un chèque de 86,289 francs, qui ne fut pas payé. Il y a quelques jours, on apprit que M. Denis Gallet avait été conduit dans une maison de santé.

Depuis six mois, à la suite de la cession de sa banque, M. Denis Gallet avait fait des acquisitions nombreuses et pour des sommes considérables : en outre des tableaux il s'était mis à acheter des fermes, des châteaux, et même des bestiaux. La plupart de ces acquisitions n'ont pas été acquittées. La famille de M. Gallet refuse de payer et réclame son interdiction en même temps que l'annulation de tous les achats faits. L'affaire est pendante devant le tribunal d'Amiens.

Quoi qu'il arrive, la vente reste valable pour M. Coquelin, le commissaire priseur étant — sauf ses recours — responsable des enchères.

que la cour